AF229770

L'EMPIRE ET L'AMNISTIE

ANTONIN LORIOL

L'EMPIRE

ET

L'AMNISTIE

Esprit de justice, jamais esprit de parti,
avant tout amour de mon pays,
Voilà mon drapeau.

PARIS

E. DENTU, LIBRAIRE-ÉDITEUR

PALAIS-ROYAL, 13, GALERIE D'ORLÉANS

1860

L'EMPIRE ET L'AMNISTIE

I

Dans le cours de l'existence politique d'une nation, le patriotisme de chaque citoyen doit loyalement s'associer aux actes du pouvoir qui tendent à resserrer l'union du gouvernant et des gouvernés. Cette adhésion apparaît spontanément, grandit, se propage au loin, lorsque ces actes sont l'expression d'une généreuse pensée et ont un caractère de véritable grandeur.

Aussi, le décret d'amnistie du 16 août 1859 (1) nous a-t-il suggéré l'idée de cet opuscule. —A l'abri des entraînemens passionnés de la politique, étranger à tout esprit

---

(1) « NAPOLÉON,

« Par la grâce de Dieu et la volonté nationale, Empereur des Français,

« A tous présens et à venir, salut : »

« Avons décrété et décrétons ce qui suit :

« ART. 1ᵉʳ. — Amnistie pleine et entière est accordée à tous les « individus qui ont été condamnés pour crimes et délits politi- « ques, ou qui ont été l'objet de mesures de sûreté générale.

« Art. 2. — Notre garde des sceaux, ministre de la justice, et « notre ministre de l'intérieur, sont chargés de l'exécution des « présentes.

« Fait au palais des Tuileries, le 16 août 1859.

« NAPOLÉON. »

de parti, notre pensée sera calme et impartiale en présence des faits accomplis.

Nous avons suivi, avec une vive sollicitude pour notre patrie, les événemens qui ont signalé les dernières années de la monarchie déchue.

En 1848, dans ces jours de trouble et d'indécision, il était à désirer que le pouvoir, appelé à présider aux destinées de la France, fut assez fort pour rendre à nos institutions et à nos lois leur cours régulier.

L'ère impériale commençait à peine. Déjà, on avait applaudi aux mesures d'ordre et de clémence qui avaient succédé aux sévérités commandées par des circonstances exceptionnelles.

« Il y a un an, » disait l'Empereur le 14 février 1853, aux sénateurs et aux députés, « je vous réunissais dans « cette enceinte pour inaugurer la constitution promulguée « en vertu des pouvoirs que le peuple m'avait conférés; « depuis cette époque, le calme n'a pas été troublé; la loi, « en reprenant son empire, *a permis de rendre à leurs* « *foyers la plupart des hommes frappés par une rigueur* « *nécessaire.*

Et il ajoutait:

« Ces résultats n'ont pas coûté de grand efforts, parce « qu'ils étaient dans l'esprit et dans les intérêts de tous. « A ceux qui méconnaîtraient leur importance, je répon-« drais qu'il y a quatorze mois à peine, le pays était livré « aux hasards de l'anarchie (1). »

Dès cette époque, en 1853, une des plus vives préoccupations du chef de l'Etat avait été d'accorder la liberté à ceux sur lesquels s'était appesantie la rigueur des lois. Depuis, grâce à cette généreuse persévérance dans l'oubli du passé, des remises de peines, des autorisations de rentrer en France ont été accordées à un grand nombre d'in-.

____

(1) *Monit.* du 15 fév. 1853.

dividus, après une première demande, ou même spontanément (1). Enfin, l'Empereur puisant ses inspirations

---

(1) Le 29 décembre 1852, le nombre des grâces accordées par l'Empereur à des condamnés politiques atteints par les commissions mixtes s'élevait à 1,232.

Par deux décisions ultérieures, l'Empereur a en outre admis au bénéfice de sa clémence 383 *personnes*, savoir : 180 le 5 janvier et 203 le 8 du même mois.

Un décret, en date du 12 janvier 1853, a accordé des remises ou adoucissements de peines en faveur de 80 *condamnés de la même catégorie*. Le nombre des grâces accordées par l'Empereur aux personnes frappées pour cause politique par la juridiction exceptionnelle des commissions mixtes s'élevait donc au chiffre de 1,695.

— A l'occasion de son mariage, l'Empereur a grâcié *plus de* 3,000 *individus* parmi ceux qui avaient été l'objet de mesures de sûreté générale prises après les troubles du mois de décembre 1851. Par suite de ces grâces, de celles qui avaient été précédemment accordées et des nombreuses soumissions qui avaient été faites chaque jour, il ne restait plus à cette époque (30 janvier 1853) que 1,200 *personnes* environ soumises à l'expulsion ou à la transportation.

— Au mois de février 1853, Napoléon rendit le décret suivant :

« NAPOLÉON,

« Par la grâce de Dieu et la volonté nationale, Empereur des « Français,

« A tous présens et à venir, salut:

« Sur le rapport de notre garde des sceaux, ministre secrétaire d'État au département de la justice,

« Avons décrété et décrétons ce qui suit :

« ART. 1er. — Les mesures de sûreté générale prononcées par « la commission de révision de la première division militaire et « par les commissions mixtes des départements *cesseront d'avoir* « *leur effet à l'égard des* 4,312 *individus compris en l'état qui suit.*

« ART. 2. — Nos ministres secrétaires d'Etat aux départements « de la justice, de la guerre et de la police générale sont chargés, « chacun en ce qui le concerne, de l'exécution du présent dé-« cret. »

« Fait au palais des Tuileries le 2 février 1853.

« NAPOLÉON. »

aux sources d'une raison élevée, guidé par un louable sentiment de générosité, a voulu que le lendemain du jour où la France avait célébré de nouvelles victoires et une

---

En outre, à différentes dates, la remise des mesures de sûreté générale a été accordée, la même année, à un grand nombre d'individus ainsi : — 12 fév., à 45 *personnes* ; — 23 fév., à 158 ; — 2 mars, à 164 ; — 12 mars, à 38 ; — 23 mars, à 41 ; — 13 avril, à 137 ; — 27 avril, à 79 ; — 7 mai, à 25 ; — 14 mai, à 19 ; — 8 juin, à 103. — Total : 9,816 *remises ou commutations de peines environ, accordées en 1852 et pendant les six premiers mois de 1853.*

— 6 Sept. 1853. Grâces entières, commutations ou réductions de peines accordées à 34 *individus jugés par des conseils de guerre. — Enfin, 26 individus transportés en Afrique à la suite de l'insurrection du mois de juin 1848 ont été internés dans différentes parties de l'Algérie.*

Les chiffres mentionnés ici, recueillis sur des documents authentiques, suffiront pour faire apprécier jusqu'à quelles limites s'est étendue la clémence impériale.

— 14 août 1854, 2,582 grâces ou réductions de peines sont accordées à des transportés politiques.

— Vers la fin de l'année 1854, l'Empereur adressa la lettre suivante au ministre de l'intérieur :

> « Saint-Cloud, le 3 octobre 1854.

« Monsieur le Ministre,

« On me communique l'extrait suivant d'une lettre de Barbès.
« Un prisonnier qui conserve, malgré de longues souffrances, de si
« patriotiques sentiments, ne peut pas, sous mon règne, rester
« en prison. Faites-le donc mettre en liberté sur-le-champ et
« sans conditions.

« Sur ce, je prie Dieu qu'il vous ait en sa sainte garde. »

« NAPOLÉON. »

Extrait de la lettre de Barbès.

> « Prison de Belle-Isle, le 18 septembre 1854. »

« ..... Je suis bien heureux aussi de te voir dans les sentiments
« que tu m'exprimes. Si tu es affecté de *chauvinisme*, parce que
« tu ne fais pas de vœux pour les Russes, je suis encore plus
« *chauvin* que toi, car j'ambitionne des victoires pour nos Fran-
« çais. Oui! oui! Qu'ils battent bien là-bas les Cosaques, et ce

paix glorieuse, un grand acte de réconciliation vint effacer jusqu'aux dernières traces de nos discordes.

Parler de l'amnistie, n'est-ce pas rendre tacitement hommage au noble empressement avec lequel M. le garde des sceaux Ministre de la justice s'est associé à cette initiative?

Par une sage prévoyance, l'entrevue de Villafranca a eu pour but d'éviter dans l'avenir de graves complications en Europe. En France, le décret du 16 août est venu

---

« sera autant de gagné pour la cause de la civilisation et du
« monde! Comme toi, j'aurais désiré que nous n'eussions pas la
« guerre; mais, puisque l'épée est tirée, il est nécessaire qu'elle
« ne rentre pas dans le fourreau sans gloire.

« Cette gloire profitera à la nation, qui en a besoin, plus qu'à
« personne. Depuis Waterloo, nous sommes les vaincus de l'Eu-
« rope, et pour faire quelque chose de bon, même chez nous, je
« crois qu'il est utile de montrer aux étrangers que nous savons
« manger de la poudre. Je plains notre parti, s'il en est qui pen-
« sent autrement. Hélas! il ne nous manquait plus que de perdre
« le sens moral, après avoir perdu tant d'autres choses. »

Conformément à la volonté de l'Empereur, l'ordre de mettre M. Barbès en liberté, sans conditions, a été immédiatement transmis par le télégraphe.

Peut-être, nous aussi, serons-nous accusé de *chauvinisme*? — Quoi qu'il en soit, nous ne savons ce que nous devons le plus admirer, de l'élan patriotique de Barbès, ou de la spontanéité de l'Empereur à ordonner sa mise en liberté immédiate.

— 22 novembre 1854. Décret accordant la grâce de l'ex-représentant *Anstett*, condamné à la déportation par la haute Cour de justice de Versailles. — 18 mars 1856. Remise du reste de leur peine, ou d'une partie, à vingt individus, condamnés par les conseils de guerre pour des faits insurrectionnels.

— 20 mars 1856. L'Empereur s'est fait rendre compte du nombre et de la situation des individus retenus en Algérie ou à l'étranger, par suite de mesures politiques.

Après les événements du mois de juin 1848, onze mille personnes avaient été condamnées, sous la république, à la transportation en Algérie. Un grand nombre ont été jugées dignes de la clémence du Président. Il n'en reste plus en Afrique que 306.

Au mois de décembre 1851, onze mille deux cent un indivi-

continuer l'œuvre commencée en ajoutant encore à cette loyale politique que nous entourerons toujours de nos plus vives sympathies.

Aux termes d'un second décret (1) dicté par une pensée

---

dus durent être transportés ou expulsés. Les grâces accordées par l'Empereur en ont réduit le chiffre à 1,058.

A l'occasion de la naissance du Prince impérial, l'Empereur a décidé que l'autorisation de rentrer en France serait accordée à tous ceux qui déclareraient se soumettre loyalement au gouvernement que la nation s'est donné, et s'engageraient d'honneur à en respecter les lois. Déjà, lors de l'inauguration de l'empire, ce généreux appel avait été fait. L'Empereur a ordonné qu'il serait répété de nouveau. « Il n'y aura plus désormais hors « du sol de la patrie que ceux qui se seront obstinés à méconnaî- « tre la volonté nationale et la monarchie qu'elle a fondée. »

— Voici l'état numérique des principales catégories de condamnés politiques auxquels s'applique le décret d'amnistie du 16 août 1859 : sur onze mille trois individus transportés en 1848, il ne s'en trouve plus aujourd'hui que cent trente-huit. Sur ce nombre, cinquante-deux ont demandé à continuer à gérer les établissements qu'ils avaient fondés dans les villes ou dans les colonies agricoles. Ils sont parvenus à s'y créer ainsi une existence honorable.

Des vingt-six mille huit cent quatre-vingt-quatre individus transportés à la suite des événemens du mois de décembre 1851, il n'en reste plus que mil sept cent huit, qui vont être autorisés à revenir de Cayenne et d'Algérie.

Enfin, sur les quatre cent vingt-huit transportés, en exécution de la loi de sûreté générale de 1858, deux cent dix-neuf seulement étaient éloignés de France, où ils vont rentrer.

(1) « NAPOLÉON,

« Par la grâce de Dieu et la volonté nationale, Empereur des Français,

« A tous présens et à venir, salut : »

« Sur le rapport de notre ministre secrétaire d'État au département de l'intérieur,

« Avons décrété et décrétons ce qui suit :

« ART. 1ᵉʳ. — Les avertissements donnés jusqu'à ce jour aux « feuilles périodiques de Paris et des départements, en vertu du « décret du 17 février 1852, sont considérés comme non avenus.

aussi libérale, la presse française a été relevée de tous les
avertissements qu'elle avait reçus en vertu de l'article 32
du décret des 17-23 février 1852 (1).

Nous ne saurions trop applaudir aux tendances que
révèle ce décret sur la presse. Dans cette circonstance,
rendons justice à la direction politique du ministre de
l'intérieur, M. le duc de Padoue. Accordons un juste
tribut d'éloges à l'esprit si élevé que l'Empereur, par un

« ART. 2. — Notre ministre secrétaire d'État au département
« de l'intérieur est chargé de l'exécution du présent décret.
« Fait au palais de Saint-Cloud, le 16 août 1859.

« NAPOLÉON. »

Un autre décret, en date du même jour, est ainsi conçu :
« Les avertissements donnés jusqu'à ce jour aux feuilles pério-
« diques de l'Algérie et des colonies, en vertu du décret du
« 17 février 1852, sont considérés comme non avenus. »

« Le ministre de l'intérieur, » ajoute le *Moniteur*, « après s'être
« concerté avec les ministres des affaires étrangères et de l'Al-
« gérie et des colonies, vient de prescrire les mesures nécessaires
« pour assurer l'exécution immédiate de l'amnistie pleine et en-
« tière accordée par l'Empereur. »

(1) *Décret* organique sur la presse des 17-23 février 1852.
ART. 32. — Une condamnation pour crime commis par la
« voie de la presse, deux condamnations pour délits ou contraven-
« tions commis dans l'espace de deux années, entraînent de plein
« droit la suppression du journal, dont les gérans ont été condam-
« nés. — Après une condamnation prononcée pour contravention
« ou délit de presse contre le gérant responsable d'un journal, le
« gouvernement a la faculté, pendant les deux mois qui suivent
« cette condamnation, de prononcer soit la suspension temporaire,
« soit la suppression du journal. — Un journal peut être suspendu
« par décision ministérielle, alors même qu'il n'a été l'objet d'au-
« cune condamnation, mais après deux avertissements motivés et
« pendant un temps qui ne pourra excéder deux mois. — Un jour-
« nal peut être supprimé soit après une suspension judiciaire ou
« administrative, soit par mesure de sûreté générale, mais par un
« décret spécial du Président de la République, publié au *Bulletin*
« *des lois.* »

choix intelligent, a placé à la tête de la nouvelle organisation des services de la presse.

Certes, le journalisme en France a bien mérité de la patrie, surtout pendant notre glorieuse campagne d'Italie. N'a-t-il pas puissamment contribué à fortifier encore les élans de patriotisme qui, dans ces jours de lutte pour l'indépendance d'un peuple, dirigaient le courant de l'opinion publique ?

Partout où l'on sait apprécier les nobles aspirations vers le progrès, cette initiative de Napoléon III a excité un sincère enthousiasme.

En France, à l'étranger, la presse a été unanime dans ses appréciations des décrets d'amnistie du 16 août. Tous les journaux ont vu dans ces actes la preuve la plus manifeste de la force du pouvoir impérial. Telle a été l'opinion de la *Gazette d'Augsbourg*, de l'*Ost-Deutsche-Post*, du *Wanderer*, du *Times*, du *Morning-Herald*, etc. C'est ainsi qu'en constatant, une fois de plus, la puissance morale du gouvernement de l'Empereur, de tels actes doivent féconder en Europe, l'œuvre de civilisation. C'est sous l'influence de cette force d'impulsion qu'elle ira répandre dans le monde de lumineuses clartés.

Ici, et à l'occasion du décret d'amnistie, répondons tout d'abord à certains esprits que trompe une excessive pusillanimité.

Ils rendent hommage à la pensée qui a présidé à ces actes, mais ils en contestent pour le moment l'opportunité.

« Craignons, disent-ils, de donner accès au milieu de
« nous à ces factions démagogiques pour lesquelles ni le
« temps, ni l'expérience du passé n'ont été de profitables
« enseignements. Chez certaines natures, la clémence va
« droit au cœur et sait éteindre les passions les plus vives.
« Ne se brisera-t-elle point contre l'ingratitude obstinée
« de ceux auxquels il n'était plus permis de fouler le sol
« d'une patrie dont ils sont indignes ? »

— Pourquoi faut-il que ces craintes fassent revivre le souvenir d'excès qui doivent rester ensevelis dans l'oubli ?

Quand le chef de l'État laisse flotter le drapeau de l'amnistie, lorsqu'il a tout oublié, avons-nous le droit de nous souvenir ?

— Eh bien ! soit ! acceptons le débat sur ce terrain !

Quel a été le but de l'Empereur depuis dix ans ? — Affermir un gouvernement qui repose sur la base la plus large : la volonté de tout un peuple, doter le pays d'institutions énergiquement salutaires ; enfin, par l'indulgence et le pardon, rappeler au foyer de la patrie ceux que des entraînemens irréfléchis avaient un moment égarés.

Peuvent-ils inspirer au gouvernement la moindre crainte ? Écoutez ce que Napoléon disait à ce sujet en 1853:

« Ces menées occultes des divers partis ne servent, à
« chaque occasion, qu'à constater leur impuissance, et le
« gouvernement, au lieu de s'en inquiéter, songe avant
« tout, à bien administrer la France et à rassurer l'Eu-
« rope. » (1) — Voilà notre réponse !

Aujourd'hui, plus que jamais, ces paroles seraient justement appliquées à notre direction politique.

Le chef de l'État les redirait avec la même conviction et la même confiance dans l'avenir.

L'Empereur, en inaugurant cette ère de loyale réconciliation, a répondu à un vœu magnanime de la nation. Trois fois en France, le suffrage universel a désigné à l'Europe un illustre nom. Il semblait que l'on eût déjà entrevu, à travers le voile de l'avenir, que les destinées de notre patrie seraient sagement placées entre les mains de l'héritier de la dynastie Napoléonienne. La sécurité de notre gouvernement, le calme dont nous jouissons, deux puissances militaires vaincues, notre honneur national re-

---

(1) Discours prononcé à l'ouverture de la session législative, le 14 février 1853.

levé aux yeux des autres nations : telles sont les considérations qui ont permis à l'Empereur d'oublier le passé de ceux qui n'ont jamais dû être les ennemis de leur patrie.

Il n'est pas permis à tous les gouvernemens d'agir ainsi; ceux-là seuls, qui ont assez de force morale pour espérer fermement en l'avenir, peuvent s'engager dans la voie du progrès. Mais il faut qu'une sollicitude éclairée ait depuis longtemps préparé cette transition.

S'il y a quelques années, de sévères mesures ont dû être prises en France, pour conjurer une nouvelle crise, était-il probable que le gouvernement impérial, en dépit des enseignements du passé, resterait froidement stationnaire ? Pouvait-on croire qu'avec le rétablissement de l'ordre, grâce aux progrès sagement entendus de la raison humaine, nos institutions, à leur tour, ne s'élèveraient pas pour rayonner au loin. Devait-il en être ainsi? — Non, évidemment! — Les principes de cette politique ferme, mais amie du progrès, ont été exposés par l'Empereur avec une franchise et une droiture qui excluent toute arrière-pensée.

« Telle est, Messieurs, » disait-il (1), « en résumé, « notre situation. Je pourrais donc terminer ici mon « discours, mais je crois utile, au commencement d'une « nouvelle législature, d'examiner avec vous ce que nous « sommes et ce que nous voulons. Il n'y a que les causes « bien définies, nettement formulées, qui créent des con- « victions profondes; il n'y a que les drapeaux hautement « déployés qui inspirent des dévouements sincères.

« Qu'est-ce que l'Empire ? Est-ce un gouvernement ré- « trograde, ennemi des lumières, désireux de comprimer « les élans généreux et d'empêcher, dans le monde, le

____

(1) Discours prononcé à l'ouverture de la session législative, *Monit.* du 19 janvier 1858.

« rayonnement pacifique de tout ce que les grands prin-
« cipes de 89 ont de bon et de civilisateur ?

« Non, l'Empire a inscrit ces principes en tête de sa
« constitution, il adopte franchement tout ce qui peut en-
« noblir les cœurs et exalter les esprits pour le bien ; mais
« aussi, ennemi de toute théorie abstraite, il veut un pou-
« voir fort, capable de vaincre les obstacles qui arrête-
« raient sa marche, car, ne l'oublions pas, la marche de
« tout pouvoir nouveau est longtemps une lutte. »

— A ceux, » ajoutait l'Empereur dans une autre circonstance, « qui regretteraient qu'une part plus large n'ait
« pas été faite à la liberté, je répondrais : *La liberté n'a*
« *jamais aidé à fonder d'édifice politique durable, elle le*
« *couronne quand le temps l'a consolidé* (1). »

On le voit, le plan était nettement tracé, l'objection
capitale prévue et combattue avec cette logique de l'expérience qui trompe rarement.

Lorsque ces dernières paroles furent prononcées, des
institutions à large base auraient-elles été assez efficaces
pour calmer entièrement certaines agitations d'une époque
d'effervescence politique et sociale ? — Il est permis d'en
douter. Depuis, le temps a marché, le pouvoir s'est soli-
dement affermi, de violentes passions se sont éteintes,
enfin, l'atmosphère s'est purifiée. Grâce à ces résultats, la
pensée qui a inspiré les décrets du 16 août a pu se pro-
duire. Peut-être même (certains organes de la publicité
l'ont fait pressentir), différentes lois, d'un caractère libéral,
seront-elles proposées au Corps législatif dans un avenir
peu éloigné. Dernièrement, des voix plus imposantes encore, avec l'autorité que donne une forte conviction, ont
salué l'aurore prochaine de cette ère de rationel progrès.
M. le comte de Morny, président du Corps législatif, n'a-t-il

---

(1) Discours prononcé à l'ouverture de la session législative de
1853.

pas engagé solennellement la France, dans le discours d'ouverture qu'il a prononcé au Conseil général du Puy-de-Dôme, — « à conquérir et à conserver, par l'usage « prudent que nous en saurons faire, ces libertés qui font « de l'homme le maître absolu de son bien, et qui n'ont « de limites que le tort fait à autrui ? »

M. le vicomte de La Guéronnière, conseiller d'État, a obéi à la même inspiration en s'exprimant en ces termes au Conseil général de la Haute-Vienne, dont il est le président : « La France, » a-t-il dit, « va revenir désormais « aux conquêtes du travail, de l'intelligence et de la « science, car sa nature n'est faite ni pour le repos, ni « pour l'immobilité. L'ascendant qu'elle vient d'acquérir « ne servira qu'à donner plus d'élan à son activité pour « tous les progrès de l'agriculture, de l'industrie, des arts « et des lettres. Le dévouement avec lequel elle a sauvé « l'Italie *lui réserve pour l'avenir de précieuses et nobles* « *compensations.* Déjà un acte de généreuse clémence a « rendu une patrie à ceux qui l'avaient perdue. *L'amnis-* « *tie honore le cœur de l'Empereur, en même temps qu'elle* « *constate sa puissance. L'Empereur a rapporté de Ma-* « *genta et de Solferino le droit d'être généreux et libé-* « *ral.* »

Ainsi se réaliserait la vérité que proclamait l'Empereur il y a sept ans.

Le temps de la lutte est passé. L'édifice politique est élevé, la liberté en sera le couronnement.

Plaise au ciel que nous puissions hâter ce moment de nos vœux et de nos espérances !

Napoléon III aura donné au monde ce rare enseigne-ment : On aura vu une nation grandir et prospérer sous l'influence de libertés qui, loin d'avoir été le triste résultat de perturbations sociales, seront devenues la glorieuse consécration des principes d'ordre et de sagesse qu'il aura fait triompher.

II

Aperçu historique. — En parcourant la série des temps modernes, on voit les amnisties se multiplier sous l'influence du christianisme. On comprit enfin que la clémence et la générosité envers les partis devaient faire oublier de violentes mesures, parfois trop rigoureuses pour ne pas susciter de sanglantes représailles. Mais cette modération ne se montra qu'à certaines époques.

Aussi, Despeisses nous dit-il « que les lettres d'abolition « n'étaient que fort rarement octroyées, et encore, à l'oc- « casion de séditions arrivées ès-villes. — A l'époque des « luttes des Bourguignons et des Armagnacs, des lettres « d'abolition furent publiées en 1413. — Plus tard, en « 1513, à l'occasion de mouvements séditieux dont la ville « de Bordeaux fut le théâtre, des amnisties furent accor- « dées aux habitants. En 1556, 1560, 1612 des hérétiques « purent sauver leurs personnes et leurs biens, grâce à « une faveur semblable. » — En 1749, une insurrection éclata à Lyon et fut suivie d'une amnistie générale.

Voici dans quelles circontances : — « Les ouvriers en « soie, » dit Prost de Royer, « se plaignaient d'un règlement « du conseil pour leur jurande de 1744; on leur avait re- « fusé de se syndiquer, de s'assembler dans la ville, et ils « avaient cru pouvoir le faire sans armes dans le faubourg. « On avait eu l'imprudence, à leur rentrée par le pont « de la Guillotière, de faire tirer quelques coups de fu- « sil à poudre pour les dissiper. Les femmes effrayées « prirent des pierres, et, dès ce moment, on *n'y fut plus*. « Ces ouvriers irrités se répandirent pendant quelques « jours dans la ville, forcèrent les maisons de trois mar-

« chands qu'ils conduisirent en prison pour être jugés
« comme de faux frères. Ce qu'il y a de plus extraordinaire,
« c'est qu'ils obligèrent deux magistrats à rendre, signer,
« faire imprimer, publier et afficher une ordonnance du
« 6 août 1744 qui déclarait le dernier règlement du con-
« seil non avenu et supprimé, le tout sans appel ; mais
« personne ne fut tué ni même blessé. »

Le droit d'amnistie était admis dans notre ancienne législation et se distinguait déjà du droit de grâce, quoique
certains auteurs aient confondu ces deux prérogatives du
pouvoir souverain. Rousseaud de Lacombe semble partager
cette erreur. «Le roi,» dit-il, «accorde quelquefois des let-
« tres d'abolition à une ville, à une province, à une commu-
« nauté d'habitants, pour faits ou crimes commis contre
« les intérêts, les ordres et la volonté du roi, ou contre l'au-
« torité royale ; on appelle aussi cette grâce *amnistie*, et
« cette grâce ne gît point en connaissance de cause ; il faut
« aveuglément suivre ce qui est ordonné par les lettres ou
« arrêts contenant cette amnistie ou abolition. »

Aux termes de l'article 13 du Code pénal de 1791, l'usage de tous actes tendant à empêcher ou suspendre l'exercice de la justice criminelle, l'usage des lettres de grâce, de
rémission, d'abolition, de pardon et de commutation de
peines fut proscrit pour tous crimes poursuivis par voie de
jurés. Cette prohibition ne s'applique pas au droit d'*amnistie*
qui a toujours été reconnu même avant la révolution. Elle
a eu pour but d'abolir certaines lettres de grâce particu-
lières qui avaient donné lieu à de nombreux abus, en lais-
sant impunis des crimes qui demandaient une énergique
répression. C'était une conséquence des principes d'égalité
qui avaient été proclamés dès le commencement de la Révolution française. A cette époque, sous le Consulat et
l'Empire, de nombreuses amnisties furent décrétées.

Au mois de mars 1810, Napoléon, à l'occasion de son
mariage, voulut perpétuer le souvenir de cet événement

par des actes d'indulgence et de bienfaisance : il accorda une amnistie à tous les sous-officiers et soldats des troupes de terre et de mer qui étaient en état de désertion, soit qu'ils aient été condamnés ou non à l'époque de la date de ce décret. De plus, les individus condamnés correctionnellement qui n'étaient plus détenus que pour le paiement de l'amende et des frais furent mis en liberté. Enfin, six mille militaires en retraite, ayant fait au moins une campagne, furent mariés le 22 avril 1810 avec des filles de leurs communes. A Paris, elles reçurent chacune une dot de douze cents francs et, dans le reste de l'Empire, une somme de six cents francs leur fut allouée.

Le 6 avril 1815, Napoléon rendit un nouveau décret accordant, sauf quelques exceptions, amnistie pleine et entière aux fonctionnaires civils et militaires qui avaient tramé ou favorisé le renversement du trône impérial et avaient secondé les projets d'envahissement de l'ennemi.

Sous la restauration et la monarchie de juillet, de nombreuses amnisties furent prononcées en faveur des départements de l'ouest, à l'égard de Français qui avaient porté les armes contre leur patrie, de réfractaires, de tous ceux qui avaient pris part à des actes de rébellion, et enfin de condamnés pour délits politiques ou de presse, etc., etc. ; (13 prairial an XII, 25 mars et 23 avril 1810, 23 et 26 avril 1814, 13 janvier 1815, 12 janvier et 19 juin 1816, 13 août 1817, 28 mai 1825, 25 et 26 août 1830, 8 mai 1837 et 30 avril 1840). En outre, il a été accordé des amnisties pour délits forestiers et pour infractions au service de la garde nationale (8 novembre 1830, 13 juillet 1831, 22 juillet et 19 septembre 1835, 1er et 30 mai 1837, 16 mai et 5 août 1837, 12 décembre 1838, 20 mai et 31 juillet 1839, 30 avril et 16 août 1840).

Plus tard, des amnisties ont été décrétées pour délits de presse (29 février 1848, 7 mars 1848, 17 avril 1848, 1er et 5 mai 1848).

III

Amnistie. — Grace. — Il est important de signaler les
éléments constitutifs de l'amnistie. Sous plusieurs points,
elle diffère de la grâce.

Et d'abord, qu'est-ce que l'amnistie? — « L'amnistie, »
a dit M. Legraverand, « est un acte du souverain qui cou-
« vre du voile éternel de l'oubli certains crimes, certains
« délits, certains attentats spécialement désignés, et qui ne
« permet plus aux tribunaux d'exercer aucunes poursuites
« contre ceux qui s'en sont rendus coupables. » — L'amnistie comprend dans ses effets une classe d'individus qui
ne sont pas désignés nominativement. Elle s'applique au
délit encore plus qu'aux personnes. Basée sur l'intérêt public, elle peut être accordée, soit avant, soit après le jugement, et même avant toute poursuite. — La grâce, au contraire est individuelle et s'applique aux personnes à l'égard
desquelles une condamnation définitive a été prononcée.

Tels sont les principes qui ont été consacrés par la Cour
de cassation. Voici dans quels termes : « L'un des caractè-
« res principaux auxquels se reconnaît l'amnistie est
« qu'elle est rendue dans un intérêt général, à la différence
« des lettres de grâce qui sont individuelles. » (19 *juillet*
1839, *aff. Charasson, Répert.* Dalloz.)

« Amnistie, » a dit M. de Peyronnet (1), « c'est abolition
« et oubli ; grâce, ce n'est que pitié et pardon. — Quand
« Thrasybule eut chassé les trente tyrans, il porta une loi
« que les Athéniens nommèrent d'oubli ($\alpha\mu\nu\eta\sigma\tau\iota\alpha$), et qui
« défendait de troubler qui que ce fût pour les actions pas-
« sées. C'est de là que nous est venu l'acte, et même le
« nom. — L'amnistie ne remet point; elle efface. La grâce

____

(1) *Pensées d'un prisonnier*, chap. XIV.

« n'efface rien ; elle abandonne et remet. — L'amnistie re-
« tourne vers le passé et y détruit jusqu'à la première trace
« du mal. La grâce ne va que dans l'avenir et conserve
« dans le passé tout ce qu'il a souffert ou produit. La grâce
« suppose le crime et la condamnation, une certaine régu-
« larité dans la condamnation et une certaine justice. L'am-
« nistie *ne suppose rien*, si ce n'est pourtant l'accusation.
« — La grâce s'accorde à celui qui a été certainement cou-
« pable ; l'amnistie à ceux qui ont pu l'être. »

Telles sont les différences qui existent entre l'amnistie
et la grâce. Elles sont exprimées ici par l'auteur dans un
langage empreint d'une certaine vivacité.

— D'après les distinctions faites dans le nouveau *Deni-
sart*, l'amnistie est *générale ou particulière, absolue ou
conditionnelle*. Elle est *générale*, lorsqu'elle comprend un
certain genre de délit et qu'elle ne fait aucune exception de
personnes. Elle est *particulière*, lorsqu'elle exclut, comme
l'ont fait les amnisties de 1814, 1816 et 1817, la classe
d'individus qui en est jugée indigne ; par exemple, ceux qui
sont déjà traduits en jugement ou repris de justice, ou ceux
qui ont commis certaines rigueurs. (Mangin, n° 45.) —
L'amnistie est *conditionnelle*, lorsqu'elle soumet à quelques
mesures, à l'accomplissement de quelques conditions ceux
ou partie de ceux qui en sont l'objet. Si donc, les amnistiés
sont soumis à une condition de temps, à l'observation d'un
délai, ils doivent s'y conformer (1). — Elle est *absolue*,
quand elle ne présente aucune condition. — Enfin, elle est
restrictive, lorsqu'elle ne remet, à l'égard de ceux qui ont
été condamnés, qu'une partie de la peine qu'ils ont encourue, ou qu'elle se borne à l'abaisser de quelques degrés.
(*Répert.* Dalloz.)

---

(1) On a considéré comme conditionnelle l'amnistie politique
du 28 mai 1825 qui réserve expressément la surveillance de la
haute police, ainsi que l'ordonnance du 8 mai 1837, qui maintient,
en faisant cesser la peine, la surveillance de la haute police.

Il a été jugé :

— 1° Que le droit d'amnistie emporte non-seulement le droit d'abolir entièrement la peine, mais encore *celui de l'abaisser à un degré inférieur dans l'ordre légal des pénalités*; d'où il suit qu'une ordonnance (celle du 8 mai 1837), a pu légalement, en faisant cesser la peine de la déportation, *laisser subsister celle de la surveillance de la haute police*, d'autant plus, qu'aux termes de l'art. 49 du Code pénal, tout condamné à une peine afflictive ou infamante, pour crimes ou délits qui intéressent la sûreté intérieure ou extérieure de l'Etat, doit être soumis à cette mesure d'ordre public. (*Rej.* 1er *sept.* 1837 ; *Paris*, 17 *déc.* 1841);

— 2° Qu'enfin l'amnistie peut être restreinte ou étendue à la volonté du souverain (*Cass.* 8 *mars*, 1811, *aff. Labalut*).

IV

A QUI APPARTIENT LE DROIT D'ACCORDER L'AMNISTIE ET DE L'APPLIQUER ? — Il est de l'essence même de ce droit de l'attribuer au souverain. — La Cour de cassation a décidé que le droit d'amnistie appartient au roi. (*Rej.* 19 *juillet* 1839, *aff. Charasson*).

Aux termes de l'art. 16 du Sénatus-consulte du 16 thermidor, an X, le premier Consul n'avait que le droit de faire grâce, la faculté d'accorder des amnisties ne lui avait pas été attribuée. Napoléon voulut que cette anomalie disparût. L'article 57 de la loi du 22 avril 1815, ou acte additionnel aux constitutions de l'Empire fut ainsi rédigé : «L'Empe-« reur a le droit de faire grâce, même en matière correc-« tionnelle, *et d'accorder des* amnisties. »

La Charte de 1814 avait été muette sur le droit d'amnistie.

En 1848, à l'époque de la discussion des articles de la Constitution, le projet de la commission était ainsi conçu :

« Les amnisties ne peuvent être accordées que par une « loi. » *M. Aylies* demanda par amendement qu'on ajoutât: *sur la proposition du Président de la République.*

Les motifs sur lesquels il se fondait, auraient dû, selon nous, être pris en considération, « L'amnistie, » disait-il, « est un acte de haute politique, pour lequel l'Assemblée « et le pouvoir exécutif doivent être associés, comme pour « la ratification des traités et les déclarations de guerre ; les « questions d'amnistie sont délicates et susceptibles de sou- « lever des débats irritants ; l'initiative individuelle n'aurait « aucun avantage et présenterait de graves inconvénients, « car elle pourrait incessamment réveiller les passions po- « litiques et ferait encourir au gouvernement la défaveur du « rejet d'une proposition qu'il croirait devoir repous- ser. » Cet amendement fut combattu, au nom de la com- mission, par *M. Dupin* aîné. Il soutint que le pouvoir laissé au Président de la République de devancer l'As- semblée, en proposant l'amnistie, devait suffire à ses prérogatives. L'Assemblée constituante rejeta l'amende- ment. La rédaction de la commission fut maintenue. L'art. 55 de la Constitution, ainsi rédigé, a été entendu dans le sens indiqué par *M. Dupin*, « comme le prouvent « plusieurs propositions d'amnisties faites et réitérées « par quelques représentants. (*Monit.*, 12 *octobre* 1848, « 25 *et* 26 *octobre* 1849). — Remarquons au reste que si « la plupart des insurgés de juin ont été libérés par des « actes émanés du gouvernement seul, c'est qu'il s'agis- « sait non d'amnistie, non pas même de grâces propre- « ment dites, mais *de mesures administratives*, en ce que « les insurgés déclarés transportables n'étaient pas des « accusés ou condamnés dans toute la rigueur du mot. » (*Morin, Répert. Droit crim.*).

Aujourd'hui, le pouvoir de décréter des amnisties a été

conféré textuellement à l'Empereur. L'art. 1ᵉʳ du Sénatus-consulte du 25 décembre 1852 est ainsi conçu : « l'Em-« pereur a le droit de faire grâce et d'accorder des amnis-« ties. » Nous savons comment Napoléon III a usé de cette prérogative du pouvoir souverain.

Placée dans ces régions élevées d'où elle domine la loi, l'amnistie a, dans tous les temps, propagé au loin de salutaires influences et contribué ainsi aux progrès de la moralisation sociale.

V

A QUELS FAITS ET A QUELLES PERSONNES S'APPLIQUE L'AM-NISTIE ? — En considérant le mot délit dans son acception la plus large (1), on doit admettre que les délits de toute nature peuvent donner lieu à l'exercice du pouvoir amnistiant. — Quant aux personnes, celles qui profitent de l'amnistie sont les seuls délinquants qui ont participé aux délits mêmes et qui ont été l'objet de l'amnistie.

L'amnistie décretée le 16 août 1859 en termes si généraux, « sans aucune exception ni réserve, » s'applique «aux « condamnations, poursuites, mesures administratives ou « de sûreté générale qui ont été motivées par des délits « politiques, quelle qu'ait été leur gravité. » Elle s'étend à tous les faits antérieurs à sa date, et qui sont du genre de ceux qu'elle a voulu couvrir de l'oubli. Elle ne s'appliquerait pas aux faits commis entre cette date et celle de la publication du décret dans le lieu où le fait s'est accompli. C'est ce qui a été décidé par la Cour de cassation qui n'ad-

---

(1) Délit (*delinquere, delictum*) abandon, déviation de la ligne droite, violation du droit. Enfin, au point de vue du droit pénal, ce mot désignera *tout fait puni par la loi pénale*. C'est cette dernière acception que nous adoptons en énonçant ce principe.

met pas que, dans cette matière, on puisse invoquer les règles relatives à la promulgation des lois. (*Art.* 1, Cod. Nap.).

Deux classes d'individus sont amnistiées par ce décret :

1re CLASSE. — « Ceux qui, traduits soit devant une ju-« ridiction ordinaire, soit devant une juridiction spéciale « ou exceptionnelle, auront été condamnés pour crimes « ou délits (1) politiques. »

Se trouvent compris dans cette classe :

1° — Les individus condamnés pour crimes ou délits politiques par les cours d'assises et les tribunaux de police correctionnelle.

2° — Ceux compromis dans l'attaque dirigée le 15 *mai* 1848 contre l'Assemblée nationale. Jugés par la haute Cour siégeant à Bourges, ils furent condamnés à la déportation ou à la détention, aux termes d'un arrêt en date du 2 *avril* 1849.

3° — Les chefs, fauteurs ou instigateurs de l'insurrection du mois de juin 1848, ainsi que les réclusionnaires, forçats libérés ou évadés qui y avaient pris part. Ils avaient été renvoyés devant les conseils de guerre, aux termes de deux décrets rendus par l'Assemblée nationale *les* 24 *et* 27 *juin* 1848. Quant aux insurgés contre lesquels n'existaient point les circonstances aggravantes que nous venons de signaler, ils furent l'objet de mesures de sûreté générale.

4° — Les individus condamnés, à la suite de l'attentat du 13 juin 1849, par la haute Cour de justice siégeant à Versailles. Deux arrêts, en date des 13 *et* 15 *novembre* 1849, statuèrent sur leur sort.

5° — Ceux qui, après les mouvements insurrectionnels

---

(1) Ici, nous entendons par *délits :* les infractions dont la répression a été attribuée aux tribunaux de police correctionnelle, nous conformant ainsi à la division des juridictions établie par la loi. (art. 1, Cod. pénal, art. 179 Cod. d'inst. crim.).

du mois de décembre 1851, ont été condamnés par les conseils de guerre, dans les départements soumis à l'état de siége, et par les tribunaux ordinaires, dans les autres.

6· —Les personnes condamnées, par application des dispositions de la *loi des* 27 *février et* 2 *mars* 1858.

7° — Celles qui auraient encouru une ou plusieurs condamnations *politiques* à l'occasion de la publication d'un ouvrage ayant ce caractère.

2ᵉ CLASSE. — Elle se compose « de tous les individus « qui ont été l'objet de mesures de sûreté générale, » sa- « voir :

1° — Ceux qui ont été considérés, au mois de juin 1848, *comme insurgés*, et non comme *chefs, fauteurs et instigateurs* de l'insurrection.

Ils furent transportés par application de l'art. 1ᵉʳ du décret de l'Assemblée nationale des 27 *juin et* 5 *juillet* 1848 (1).

Plus tard, leur sort fut fixé d'une manière définitive par l'art. 1ᵉʳ de la loi *des* 24 *et* 30 *janvier* 1850 (2).

---

(1) *Décrets des* 27 *juin et* 5 *juillet* 1848.

Art. 1ᵉʳ. — « Seront transportés, par mesure de sûreté géné- « rale, dans les possessions françaises d'Outre-Mer, autres que « celles de la Méditerranée, les individus actuellement détenus « qui seraient reconnus avoir pris part à l'insurrection du 23 juin « et jours suivants. »

(2) *Loi des* 24 *et* 30 *janvier* 1850.

Art 1ᵉʳ. — « Tous les individus actuellement détenus à Belle- « Ile, et dont la transportation a été ordonnée en vertu du décret « du 27 juin 1848, par suite des décisions des commissions ins- « tituées par le pouvoir exécutif, seront transférés en Algérie, « quelle qu'ait été l'époque de leur arrestation. »

— On sait que *les chefs, fauteurs et instigateurs de l'insurrection du mois de juin* 1848 ne furent point soumis à des mesures de sûreté générale, *ils furent jugés par les conseils de guerre*, aux termes de l'art. 2 du décret *des* 27 *juin et* 5 *juillet* 1848.

Il est ainsi conçu : Art. 2. — « L'instruction commencée de-

2° — Les personnes reconnues coupables d'avoir fait partie de sociétés secrètes, et qui ont été soumises à la transportation à Cayenne ou en Algérie, par décisions du Ministre de l'intérieur rendues en exécution d'uu décret du 8 décembre 1851.

3° — Les anciens membres de l'Assemblée Législative désignés dans les décrets du 9 janvier 1852 et qui avaient reçu l'ordre de s'éloigner du territoire français.

4° — Les individus compromis dans les mouvements insurrectionnels du mois de décembre 1851 et qui ont été transportés à Cayenne ou en Algérie, éloignés momentanément du territoire français, internés ou enfin surveillés.

Une instruction du Ministre de l'intérieur, en date du 18 janvier 1852, avait prescrit les mesures qui devaient être prises à leur égard : une commission, composée du préfet, du général, et du chef du parquet, fut instituée, dans chaque département sous le nom *de commission mixte* et dut statuer sur le sort des individus qui n'étaient pas justiciables des conseils de guerre.

5° Les individus auxquels ont été appliquées les dispositions des art. 7 et 9 de la loi des 27 *fév. et 2 mars* 1858 relative à des mesures de sûreté générale (1).

« vant les conseils de guerre suivra son cours, nonobstant la levée
« de l'état de siége, en ce qui concerne ceux que cette instruc-
« tion désignerait comme chefs, fauteurs ou instigateurs de l'in-
« surrection, comme ayant fourni ou distribué de l'argent, des
« armes ou des munitions de guerre, exercé un commandement,
« ou commis quelque acte aggravant leur rébellion. »

« Il en sera de même à l'égard des réclusionnaires ou forçats libérés ou évadés qui auront pris part à l'insurrection. »

(1) *Loi des 27 février et 2 mars* 1859.
Art. **7.** — « Peut être interné dans un des départements de
« l'Empire ou en Algérie, ou expulsé du territoire, tout individu
« qui a été, soit condamné, soit interné, expulsé ou transporté,
« par mesure de sûreté générale, à l'occasion des événements de
« mai et juin 1848, de juin 1849 ou de décembre 1851, et que des

M. Louis Cuzon le démontre ; l'abrogation d'une partie de la loi des 27 février et 2 mars 1858 nous semble urgente. En effet, il est impossible que certaines dispositions qu'elle contient puissent se concilier avec le décret d'amnistie du 16 août.

Cette vérité est palpable, en ce qui concerne les dispositions des art. 7 et 9.

Quel a été le but du législateur dans l'art. 7 ? — Appliquer certaines mesures de sûreté générale, savoir : *l'internement dans un des départements de l'Empire ou en Algérie, l'expulsion du territoire.*

— A qui ? — A une classe d'individus spécialement désignés. — Quels sont ces individus ? — L'art. 7 nous ré-

---

« faits graves signaleraient, de nouveau, comme dangereux pour
« la sûreté publique. »

Art. 9. — « Tout individu interné en Algérie, ou expulsé du
« territoire, qui rentre en France sans autorisation, peut être
« placé dans une colonie pénitentiaire, soit en Algérie, soit dans
« une autre possession française. »

Dans un article remarquable sur l'amnistie, que M. *Louis Cuzon* a publié dans le *Siècle* (n° du 23 août 1859), l'auteur annonce que la loi des 27 fév. et 2 mars 1853 disparaîtra bientôt de notre législation.

« La pensée de l'Empereur, » dit-il, « doit porter évidemment
« plus haut. En effaçant le souvenir de nos discordes, il ne voudra
« pas laisser debout les débris d'une loi édictée le lendemain d'un
« abominable attentat ; et, dès la prochaine session, nous verrons
« présenter au Corps législatif, comme corollaire, comme appen-
« dice de l'acte d'amnistie, *l'abrogation du décret du 27 février*
« *dans son entier.* »

« Cette loi rappelle un passé que l'Empereur tiendra à effacer. »
— A propos du journal le *Siècle*, nous nous reprocherions de ne pas rendre hommage à l'élan patriotique, aux nobles accents de reconnaissance avec lesquels le rédacteur en chef, M. HAVIN a accueilli la nouvelle de l'amnistie. Ce témoignage nous est d'autant plus précieux, qu'il met, une fois de plus, en relief un caractère politique loyalement impartial ; — c'est une rare qualité, surtout à notre époque, — aussi, doit-elle être appréciée.

pond : ces mesures pourront s'appliquer «*à tout individu*
« *qui a été, soit condamné, soit interné, expulsé ou trans-*
« *porté, par mesure de sûreté générale, à l'occasion des*
« *événements de mai et juin 1848, de juin 1849 ou de*
« *décembre 1851.* »

Il faut donc absolument que ces individus se soient trouvés dans cette situation, indiquée par la loi, pour qu'ils puissent être frappés par elle.

Enfin, une seconde condition est indispensable pour que cet article *leur soit appliqué* : il est nécessaire que ces condamnés, internés, expulsés ou transportés « *aient été de nouveau signalés, par des faits graves, comme étant des hommes dangereux pour la sûreté publique.* »

L'amnistie intervient. — Elle abolit d'une manière complète et absolue jusqu'au souvenir des actes coupables commis aux époques et dans les circonstances exceptionnelles indiquées par l'art. 7. Elle efface pour toujours les mesures de sûreté générale, qui, plus tard, en ont été la conséquence. Or, *ces actes et ces mesures*, dans la loi de 1858 (art. 7 et 9), *servent de base aux nouvelles mesures de sûreté générale qu'elle adopte* !

La trace même *de tous ces faits est anéantie.*

Leur conséquence doit-elle subsister ? — Non, évidemment !

— Enlevez les assises ! l'édifice s'écroulera.

— L'art. 9 s'applique *aux individus qui ont été internés en Algérie ou expulsés du territoire.* — Dans quel cas seront-ils, aux termes de la loi, l'objet de nouvelles mesures de sûreté générale ? — *Lorsqu'ils rentreront en France sans autorisation.* — Quelles seront ces nouvelles mesures ? — *Ils pourront être placés dans une colonie pénitentiaire, soit en Algérie, soit dans une autre possession française.*

Ces mesures, précédemment appliquées, et dont parle l'art. 9 (*l'internement en Algérie et l'expulsion du terri-*

toire), ont été motivées par des crimes ou délits politiques.

En présence du décret d'amnistie, elles sont rétroactivement anéanties, leur cause n'a jamais existé. L'infraction prévue par cet article et la disposition répressive qu'il contient sont désormais impossibles.

Le décret du 16 août n'a-t-il pas ouvert les portes de la France aux internés et aux expulsés ?

N'est-il pas la négation vivante et absolue de l'article 9 ?

En résumé :

1° — « Les individus condamnés, internés, expulsés ou « transportés par mesure de sûreté générale à l'occasion « des événements de mai et juin 1848, de juin 1849 ou de « décembre 1851, et que des faits graves signaleraient, « de nouveau, comme dangereux pour la sûreté publique « (art. 7). »

2° — « Les individus internés en Algérie, ou expulsés « du territoire, et qui rentreraient en France sans autori- « sation (art. 9).

« Ne peuvent être soumis de nouveau à des mesures de « sûreté générale, en vertu de la loi des 27 février et 2 « mars 1858. »

Peu importe que cette loi leur ait été appliquée ou non.

Le décret d'amnistie a donc tacitement abrogé (1) ces deux articles. Leur application est sans objet, puisque le souvenir même des faits et des causes qui devaient la provoquer est effacé.

Ces contradictions démontrées, la logique, la rigueur des principes ne réclament-elles pas impérieusement une réforme législative? — Nous l'attendons.

____

(1) Il a été jugé qu'il faut qu'il y ait *contrariété formelle entre deux lois* pour que la nouvelle soit censée abroger implicitement l'ancienne. (*Cass.*, 17 *flor. an X, aff. Macarty.*)

— Et que l'incompatibilité soit telle qu'il soit impossible d'exécuter la seconde sans détruire la première. (*Req.* 16 *déc.* 1829, *aff. Martineau*).

— Si, dans les articles 7 et 9 de la loi des 27 février et 2 mars 1858, on considère la nature et le degré de sévérité des mesures antérieures déjà encourues par les individus auxquels peuvent s'appliquer les dispositions répressives de ces articles, on voit que l'article 7 qui, dans l'hypothèse prévue, punit les individus précédemment condamnés, expulsés ou transportés, peut également frapper ceux qui ont été *internés*. L'article ne spécifie pas quel a dû être *le lieu* de ce premier internement. — L'article 9, au contraire, tout en mentionnant les individus expulsés du territoire comme pouvant devenir l'objet d'une nouvelle mesure dans le cas qu'il signale, s'appliquera aussi à ceux qui ont été *internés en Algérie*.

Cette différence s'explique : dans ces deux articles, l'internement dont le lieu n'est pas déterminé (art. 7), et l'internement en Algérie (art. 9), antérieurement prononcés, sont la condition expresse des nouvelles mesures qui peuvent être ordonnées aux termes de la loi.

En augmentant, dans ces articles, la sévérité de certaines mesures, il semble que le législateur ait compris qu'il devait établir une juste gradation dans l'énonciation des mesures anciennes devant servir de base à celles imposées de nouveau par lui. Les hypothèses prévues se réalisent-elles ? — Chaque mesure, précédemment encourue, devient la cause médiate de celle ordonnée par la loi de 1858, et qui se rapporte à la première, suivant le degré de rigueur qui les distingue l'une et l'autre. C'était établir entre deux séries distinctes de mesures répressives un parallélisme nécessaire, et, entre les mesures de la première série, comparées individuellement à celles de la seconde, une concordance exactement graduée. Enfin, le redoublement de sévérité qui caractérise certaines mesures commandées par la loi de février 1858 est rationnel, puisque chaque mesure nouvelle devient la juste conséquence de son aînée dont l'impuissance a été demontrée.

Gardons-nous d'admettre que, lors de la confection de cette loi, ce principe a toujours été appliqué.

Ainsi, aux termes de l'article 7, et, dans le cas de répression nouvelle qu'il prévoit, l'internement, — indiqué sans désignation de lieu, — pourra avoir pour conséquence l'internement dans un des départements de l'Empire. Mais, pour que cette seconde mesure puisse être appliquée, quel a dû être le lieu du premier internement? — N'était-il pas nécessaire de le dire? Sur ce point, le législateur a gardé le silence. — Abordons le champ des conjectures!

PREMIÈRE HYPOTHÈSE. — A t-il entendu parler de l'internement subi dans une ville déterminée? — Eh bien, soit. — Que l'on applique pour la seconde fois à l'individu, — que des faits graves signaleraient de nouveau comme dangereux pour la sûreté publique, — que l'on applique, disons-nous, aux termes de l'article 7, l'internement dans l'un des départements de l'Empire! Dans ce cas, quelle sera pour cet individu l'aggravation de châtiment? Cette seconde mesure sera-t-elle restrictive d'une plus grande part de liberté que celle déjà prononcée? — Non évidemment! — Précédemment interné dans une ville, il le sera à l'avenir dans un département! N'est-il pas clair que plus la circonscription du lieu assigné à l'interné sera étendue, moins la repression sera énergique?

DEUXIÈME HYPOTHÈSE. — Le premier internement a été circonscrit dans l'un des départements de l'empire. — Celui contre lequel cet internement a été prononcé mérite par ses actes d'être l'objet d'une nouvelle mesure de sûreté générale. — Comment sévira-t-on contre lui? — Aux termes de l'article 7, il pourra être de nouveau interné dans un des départements de l'Empire. Encore une fois, quelle sera, dans cette seconde hypothèse, l'aggravation de répression? — Elle sera nulle, puisque la même mesure lui aura été appliquée. — Mais, objectera-t-on, le second internement sera circonscrit dans un département autre que celui primitivement assigné à l'interné. Là, inconnu, ignoré, dépourvu de tous moyens d'action, soumis à une active surveillance, il lui sera difficile d'exercer sur ceux qui l'entoureront de pernicieuses influences. Quels auxiliaires trouvera-t-il pour l'exécution de détestables desseins? — Aucun. — Puisse-t-il en être ainsi, nous le désirons de grand cœur. Serait-il sage d'affirmer qu'il en sera toujours ainsi? Nous ne le pensons pas. Soumis à une mesure dont l'inefficacité lui sera, tout d'abord, démontrée, n'est-il pas à craindre que l'interné ne sache pas s'arrêter sur la pente si rapide sur laquelle il se sera engagé? Deux fois les rigueurs de la loi auront été impuissantes à le ramener à d'autres sentiments ; peut-être restera-t-il ce qu'il aura toujours été. Rien en lui n'aura été modifié. La loi, destinée à réprimer chez un mauvais citoyen de dangereuses tendances, lui aura de nouveau donné droit de cité dans un département où il apportera cet esprit de révolte et d'insubordination qui ne l'aura pas abandonné.

Troisième hypothèse. — L'art. 7 permet de remplacer l'internement dans un des départements de l'Empire par l'internement en Algérie. Si l'on admet que le premier internement a eu lieu dans une ville déterminée, ou dans un département, l'internement en Algérie étant alors appliqué, il y aura aggravation de répression.

Si, au contraire, ce premier internement avait été circonscrit en Algérie, l'inefficacité de cette mesure, identique à la première, serait évidente. Ce serait le cas de la deuxième hypothèse.

— Mais, dira-t-on, si l'art. 7 permet d'appliquer l'internement dans un des départements de l'Empire, n'autorise-t-il pas l'administration à remplacer cette mesure, soit par l'internement en Algérie, soit par l'expulsion du territoire? — D'accord! — Selon nous, l'une de ces deux mesures doit être appliquée, en admettant que le premier internement ait eu lieu dans une ville déterminée ou dans un département. Dans l'exécution, on imprimera ainsi à la loi de 1858 une force de rationnelle aggravation. Tel doit en être le caractère essentiel. Et cependant, ces rigoureuses dispositions, appliquées ainsi que nous l'indiquons, mais avec justice et discernement, ne seront ni systématiques, ni oppressives.

Ainsi donc, dans quelque lieu qu'ait été circonscrit le premier internement, l'énonciation d'un second internement dans un des départements de l'Empire (art. 7) est inutile. — Or, dans une loi, tout ce qui est inutile y jette de l'obscurité et défigure trop souvent les véritables intentions du législateur.

Avant tout, que l'on sache quel est notre but. —Loin de nous la pensée d'attirer sur la tête des internés les foudres d'une répression arbitraire et exagérée. —Nous réprouverons toujours les lois que n'aura pas inspirées l'esprit d'une justice calme et impartiale. Rien n'est aussi dangereux que les dispositions législatives dont la portée n'est pas nettement définie. Aujourd'hui, la répression manque ou est illusoire, demain elle dépassera le but. Il en sera ainsi toutes les fois que le législateur procédera sans ordre ni méthode. — A propos de la seconde hypothèse, nous avons montré quel serait pour l'équilibre social le danger de cette imprévoyance légale. Nous en avons signalé, au point de vue individuel, les conséquences probables. — Pour nous, ce danger n'est rien, l'observation rigoureuse des principes est tout. — Si des mesures répressives deviennent urgentes, prononcez-les, appliquez-les, mais qu'elles soient logiques ! Or, dirons-nous au législateur de 1858, dans les deux premiers cas que nous avons indiqués, l'application de la loi de 1858 est illogique. — Elle est illogique, — parce que les mesures nouvelles qu'elle ordonne, loin de s'adapter exactement à celles antérieurement prononcées, n'en sont pas la conséquence forcée et progressive ; — elle est illogique, — car l'énonciation de ces mesures ne présente qu'une regrettable confusion ; — elle est illogique, enfin, — parce que ce désordre des mots et des idées, ce défaut de concordance, ces imperfections portent de graves atteintes au respect qui doit entourer ce qui émane de la volonté du législateur.

Les art. 1, 2, 3, 4, de la loi de février 1858 ont pour but de combler une lacune de notre droit criminel.

— Voici quelles sont les principales catégories de proscrits auxquels l'amnistie ouvre les portes de la France :

1° Les condamnés à la suite de l'attentat du 15 mai 1848 : MM. Louis Blanc, Albert, Raspail, Blanqui, etc. ;

2° Les individus déportés à la suite de l'insurrection de juin 1848 ;

3' Les condamnés pour avoir pris part à l'attentat du 13 juin 1849 : MM. Félix Pyat, Ledru-Rollin, Ribeyrolles, etc. ;

4° Les condamnés à la transportation à la suite des événements du mois de décembre 1851 : MM. Marc Dufraisse, réfugié actuellement à Zurich ; Jules Miot, transporté en Algérie ; Greppo, Mathé, Richardet ;

5° Les représentants de l'Assemblée législative expulsés du territoire pour un temps déterminé. Savoir :

MM. Edmond Valentin, Paul Racouchot, Agricol Perdiguier, Eugène Cholat, Louis Latrade, Michel Renaud, Joseph Benoît (du Rhône), Joseph Burgard, Jean Colfavru, Joseph Faure (du Rhône), Pierre Viguier, Charles Gambon, Charles Lagrange, Martin Nadaud, Barthélemy Terrier, Victor Hugo, Cassal, Signard, Charrassin, Bandsept, Savoye, Joly, Combier, Boysset, Duché, Ennery, Guilgot, Hochstuhl, Michot-Boutet, Baune, Bertholon, Schoelcher, de Flotte, Laboulaye, Bruys, Esquiros, Madier de Montjau, Noël Parfait, Emile Péan, Pelletier, Raspail, Bancel, Belin (Drôme), Besse, Bourzat, Brives, Chavoix, Dulac, Dupont (de Bussac), Gaston Dussoubs, Guiter, Lafon, Lamarque, Pierre Lefranc, Jules Leroux, Francisque

Maigne, Malardier, Millotte, Roselli-Mollet, Charras, Saint-Ferréol, Sommier, Testelin (Nord).

Quatre représentants de cette catégorie, MM. Joigneaux, Théodore Bac, Mathieu (de la Drôme), Dupont (de Bussac), avaient été autorisés antérieurement à rentrer en France.

Le décret du 9 janvier 1852 éloignait temporairement MM. Duvergier de Hauranne, Creton, le général de Lamoricière, le général Changarnier, Baze, le général Leflô, le général Bedeau, Thiers, Chambolle, Charles de Rémusat, Jules de Lasteyrie, Emile de Girardin, le général Laidet, Pascal Duprat, Edgar Quinet, Antony Thouret, Victor Chauffour, Versigny. Au mois d'août 1859, il ne restait plus en exil que MM. Changarnier, Bedeau, Pascal Duprat, Edgar Quinet et Versigny.

— M. Michel Renaud, ancien représentant aux assemblées constituante et législative, de l'arrondissement de Saint-Jean-Pied-de-Fort, profitant du décret d'amnistie, a quitté l'Espagne, où il vivait depuis 1851, et est rentré en France.

— M. Jules Hetzel avait été expulsé de France à la suite des événements du mois de décembre 1851. Dès le mois de mars 1852, le Prince Président de la République l'autorisa à rentrer provisoirement en France. Au mois d'août 1852, la mesure dont il avait été l'objet fut remplacée par l'internement dans le département de Seine-et-Marne ; mais M. Hetzel refusa cette faveur, préférant rester à Bruxelles pour y suivre des affaires d'intérêt. Enfin, il a obtenu l'autorisation de séjourner en France, à plusieurs reprises, depuis le mois de mars 1852 jusqu'au mois de juillet 1859.

— A la nouvelle de l'amnistie, M. Baze est rentré en France et s'est rendu à Agen.

— M. Ferdinand Flocon, ancien membre du gouvernement provisoire, à Paris, aujourd'hui réfugié à Zurich, a déclaré ne pas vouloir profiter de l'amnistie pour rentrer en France.

— M. Victor Chauffour, au contraire, nommé tout récemment à la chaire d'histoire de l'Académie de Genève, a adressé sa démission des fonctions qui lui étaient confiées, par suite de raisons de famille qui l'obligent à profiter de l'amnistie et à rentrer en France.

— M. Eugène Cholat, capitaine d'artillerie, expulsé de France au mois de décembre 1851, a quitté Bruges (Belgique) et s'est rendu à la Tour-du-Pin, auprès de sa mère malade. M. Cholat, qui se trouvait à Lyon lors de la révolution de février 1848, fut nommé chef d'état-major de la garde nationale de cette ville. Il avait été élu représentant aux Assemblées constituante et législative.

Le décret d'amnistie ne doit pas s'appliquer à M. Proudhon condamné, le 17 juillet 1858 à trois ans de prison et 4,000 fr d'amende, pour outrage à la morale publique et religieuse, comme étant l'auteur du livre intitulé : *De la justice dans la Révolution et dans l'Eglise.*

En effet, le caractère de cette amnistie est essentiellement politique. Or, depuis la promulgation de la loi du 25 février 1852, les délits de presse sont considérés comme des délits ordinaires, qui ne tombent pas sous l'application du décret. La Note du *Moniteur*, qui a étendu le bénéfice de l'amnistie aux journaux frappés d'avertissements ou de condamnations, ne saurait être appliquée à M. Proudhon, puisque, d'après la loi précitée, cette Note ne peut constituer qu'une exception, et que l'exception confirme la règle.

Le gouvernement de l'Empereur n'a rien négligé pour faciliter les modes d'application du décret d'amnistie. Dès le 3 septembre 1859, le ministre de l'intérieur adressait aux préfets une circulaire relative à la prompte mise à exécution de l'amnistie. Les individus, détenus dans les maisons centrales pour une condamnation ou une simple prévention ayant une cause politique, ont été mis en liberté sur-le-champ. En outre, il leur a été alloué des se-

cours pour gagner le lieu qu'ils avaient choisi pour rési-
dence. Au commencement du mois d'octobre 1859, plusieurs transportés ou internés en Algérie, voulant profiter
du décret, mais étant encore retenus dans la colonie pour
y terminer leurs affaires, avaient demandé au ministre de
l'intérieur de déterminer un délai pendant lequel ils pour-
raient profiter du passage gratuit et des services de route
qui leur sont accordés pour leur repatriement. En réponse
à cette demande, le ministre de l'intérieur leur a accordé
un délai dont il a fixé l'expiration au 1ᵉʳ mars 1860.

Dans le nombre des exilés, quelques-uns, loin de voir
dans le décret d'amnistie l'oubli du passé et de nos discordes
civiles, ont affecté de l'accueillir avec le plus profond dédain et même avec une insultante ironie (1). Si, obéissant à

------

(1) Ici, écoutons un spirituel écrivain, Alphonse Karr ; il a traité
ce sujet en maître, dans ses *Guêpes* (sept. 1859).

Que nos lecteurs veuillent bien nous suivre dans cette péré-
grination :

« Le papier, » a t-il dit, « m'a manqué, lorsque, l'autre jour,
j'allais encore une fois parler de l'amnistie.

« Et j'ai eu la lâcheté de ne pas en être fâché.

« C'est que j'ai maintenant à dire, à propos de l'amnistie, quelques vérités à des hommes que je m'étais accoutumé à ne plus
avoir pour adversaires, depuis huit ans qu'ils étaient exilés.

« J'ai écrit par deux fois ce que je pense de l'amnistie ; — ceux
qui veulent bien savoir ma pensée doivent peser chacun des mots
que j'ai écrits précédemment, car ce mot, je l'ai pesé moi-même,
avant de le tracer, —et son synonyme ne rendrait pas mon sentiment.

« J'ai aujourd'hui à parler à ceux des exilés qui ont cru devoir
repousser l'amnistie par des lettres plus ou moins bien faites,
plus ou moins violentes, qui ont été publiées par les journaux.

« S'ils appartenaient à un autre parti que le parti républicain,
quel que fût ce parti, ils seraient dans leur droit ; — mais tout
membre sincère du parti républicain doit sacrifier non-seulement
sa vie, non-seulement les intérêts de sa fortune, mais aussi ceux
de sa vanité et de son individualité au bien ommun et à l'intérêt
général.

un sentiment d'orgueilleuse opiniâtreté, ils s'étaient bornés à rester loin de la France, peut-être aurions-nous compris cette abstension volontaire. Nous respectons certaines convictions, lorsqu'elles sont sincères, et savons excuser ce qu'elles peuvent avoir d'exagéré. Mais, au moins, fallait-il garder le silence ; il y aurait eu dans cette réserve une apparence de dignité. Ce silence même aurait dû être la seule protestation digne d'hommes qui se respectent et qui ont à cœur de ne pas donner à leur pays le spectacle d'aussi tristes manifestations. Il n'en a pas été ainsi.

Parlons d'abord des proscrits qui se sont montrés les plus modérés en appréciant l'acte du 16 août. Parmi eux se trouve M. Louis Blanc. Dans une lettre qu'il a écrite au *Times*, à propos de l'amnistie, nous lisons les passages

---

« L'ont-ils fait dans cette circonstance ?

« Pour juger un acte sainement il faut en envisager et en constater les conséquences et les résultats.

« Voyons d'abord quelle était la situation, — à la suite surtout du coup d'Etat du 2 décembre ? Les vaincus étaient partagés en plusieurs classes : — les fugitifs, — les exilés, les émigrés, — les prisonniers, — les déportés et les internés.

« Parmi les trois premières classes, — quelques-uns ont de la fortune comme Schœlcher, comme Félix Pyat, etc... ; — d'autres ont une notoriété de génie et de talent comme Victor Hugo, comme Louis Blanc, comme Edg. Quinet, qui leur permet de gagner facilement leur vie partout, leurs ouvrages s'adressant au monde entier ; d'autres encore, médecins, littérateurs ou ouvriers, trouvent à s'occuper plus ou moins fructueusement.

« Un certain nombre, et c'est malheureusement le plus grand, — n'a, à l'étranger, l'emploi ni de ses talents ni de ses forces.

« Je sais que, sur la fortune des premiers et sur les gains des seconds, une part est faite assidûment et généreusement à ces derniers ; — mais cette part est difficilement suffisante.

« Les internés ne sont pas plus heureux : un avocat est interné dans un village où il n'y a pas même une justice de paix ; — un bijoutier, au milieu des charbonniers et des bûcherons, etc... Des déportés et des prisonniers, je n'ai pas à décrire les souffrances, les privations, les tortures, — on les devine facilement.

suivants : — « Que la France enfin soit réintégrée dans la
« jouissance de ces droits qui constituent la liberté civile
« et politique ; — alors l'amnistie sera une mesure claire
« et appréciable. Jusque-là elle demeure exposée au soup-
« çon de manque de sincérité et peut être considérée comme
« un signe de faiblesse plutôt que de force. »

Plus loin il ajoute : « J'ai déjà reconnu ce qui, je le dis à
« regret, a été volontairement ignoré par mes critiques,
« que Louis Bonaparte, dans l'état actuel des choses, ne
« pouvait guère faire pour nous plus qu'il n'a fait. »

Nous sommes heureux de surprendre cet aveu dans la
bouche de l'ancien président de la commission des travail-
leurs, — « de ces pairs du travail, » — comme il les appe-
lait, et qui siégèrent au Luxembourg en 1848.

« L'amnistie paraît tout-à-coup. — Comme sous un souffle de vent,
les portes des bagnes et des prisons se sont ouvertes ; — les bar-
rières qui fermaient la France sont tombées. — Aucune demande,
aucune promesse, aucune condition n'est imposée.

« Tous ceux qui n'avaient de l'exil et de la prison que les souffrances et les désespoirs, relèvent la tête — et vont profiter de
l'amnistie.

« Mais pour quelques-uns, qui ont le devoir, — pour plusieurs
qui ont l'orgueil de l'exil, — que vont-ils faire?

« Se réjouir de voir cesser les souffrances de leurs frères, —
s'en réjouir d'autant plus que plusieurs, sans grandes lumières,
sans grandes convictions, ont été entraînés par leurs paroles et
par leur exemple;

« Ne pas leur dire qu'ils ont, eux, des raisons pour ne pas rentrer en France, — ou du moins leur expliquer que ces raisons sont
toutes personnelles, — et n'engagent nullement les autres;

« Trouver pour les ennuis de l'exil une grande consolation à
voir diminuer et réduire à un très-petit nombre leurs compa-
gnons d'infortune.

« Il y avait, pour agir ainsi, outre les raisons d'humanité, d'autres raisons que je vais déduire le plus brièvement possible.

« Il y a en France, un certain nombre de gens qui ne sont pas
tout-à-fait revenus de la terreur du *spectre rouge* évoqué par Ro-
mieu qui s'avisa, sur le tard, d'avoir des prétentions au sérieux,

Vient ensuite le poëte révolutionnaire, Victor Hugo. A l'apparition du décret d'amnistie, il daigna laisser tomber des hauteurs de sa magistrale omnipotence les paroles que voici :

« Personne n'attendra de moi que j'accorde, en ce qui
« me concerne, un moment d'attention à la chose appelée
« amnistie.

« Dans la situation où est la France, protestation abso-
« lue, inflexible, éternelle, voilà pour moi le devoir.

« Fidèle à l'engagement que j'ai pris vis-à-vis de ma
« conscience, je partagerai jusqu'au bout l'exil de la liberté.
« Quand la liberté rentrera, je rentrerai. »

« VICTOR HUGO. »
« Guernesey, Hauteville-House, 18 août 1859. »

---

qui ne réussit qu'à le traverser en cabriolant, comme Auriol les cercles de papier, et qui, cependant, ne tarda pas à en mourir.

« Ces gens ont toute la férocité de la peur ; naturellement, ils n'approuvaient pas l'amnistie.

« L'Empereur Napoléon III, se sentant fort, commençait à vouloir régulariser son pouvoir, en lui donnant des limites. En effet, un champ que vous entourez d'une haie paraît plus grand et est plus à vous. Les limites du pouvoir le constatent et le consacrent.

« La presse, sentant les rênes moins tendues, gagnait tout doucement et quelque peu à la main.

« Ce n'est pas toujours aux révolutions violentes qu'il faut demander le progrès. Plusieurs épreuves rapprochées nous montrent qu'elles présentent peu de sécurité et nous ont ramenés au point de départ. La libre discussion des questions morales et politiques nous conduira peut-être par un chemin plus sûr.

« Les lettres de Londres, de Bruxelles, de Zurich, etc... sont tombées au milieu de cette situation.

« Les réactionnaires violents et peureux ont triomphé et ont dit : « Vous voyez... nous avions bien raison d'être contrariés de
« l'amnistie ; prenez garde, nous avons besoin d'être sauvés plus
« que jamais : pas de grâce, pas d'amnistie, pas de liberté sur-
« tout. »

« Et ils ont amené à leurs sentiments un certain nombre de gens hésitants.

— A votre aise ! Monsieur Hugo, libre à vous de laisser passer *cette chose* appelée amnistie, sans que votre regard inspiré ait daigné s'y arrêter un moment. Rassurez-vous, nous ne nous en préoccupons point. Tenez ! puisque votre nom s'est trouvé par hasard sous notre plume, vous allez nous fournir le sujet d'une réflexion toute philosophique. Ne vous souvient-il plus de l'époque à laquelle, fervent royaliste, vous écrivîtes les Odes sur la mort du duc de Berry et sur la naissance du duc de Bordeaux ? Eh bien, vers le même temps se trouvait dans je ne sais quel couvent, un trop zélé disciple d'Ignace de Loyola : c'était le Père Loriquet. Vous savez comme moi, monsieur Hugo, que ce saint homme, voulant enseigner à la jeunesse d'alors l'histoire du commencement de ce siècle, écrivit ces lignes

----

« Car, il faut le répéter, vu que je l'ai déjà dit : les affaires politiques se passent entre un très-petit nombre de gens ; le gros du pays, la foule obéit à des impressions, à des élans, à des paniques, attend l'issue de la bataille pour prendre parti, attend qu'il y ait un vainqueur pour choisir son allié.

« S'il s'agissait d'entretenir les vieilles haines contre Napoléon III ou de lui en susciter de nouvelles, ceux auxquels je parle n'ont pas été adroits : il ne fallait pas l'attaquer sur un acte *bon en soi*, comme l'amnistie.

« Il fallait attendre d'autres circonstances. On n'est pas un homme politique, on n'est pas un homme fort, on n'est presque pas un homme intelligent, quand on ne sait pas attendre ; et d'ailleurs, en politique, il n'y a jamais à attendre longtemps pour trouver à redire.

« Mais, ce n'est pas tout.

« Par votre refus bruyant d'accepter l'amnistie, vous avez créé deux classes de républicains : ceux qui rentrent et ceux qui ne rentrent pas ; de la seconde, vous avez fait une aristocratie.

« Comme vous en aviez fait une en 1848 des républicains de la veille.

« Oh ! Messieurs, prenez garde, il y en a plusieurs parmi vous qui ont bien l'air d'être, non des républicains, mais des aristocrates sans place.

« Ce n'est pas tout.

mémorables : « En 1809, M. le marquis de Buonaparte,
« lieutenant général des armées du roi entra à Vienne, en
« Autriche, à la tête d'une armée de 80,000 hommes. »

Quant à vous, monsieur Hugo qui, certes, n'êtes pas jésuite et n'avez probablement pas envie de le devenir, en
1859, à propos de l'amnistie, vous vous êtes exprimé ainsi :

« Personne, » avez-vous dit, « n'attendra de moi que
« j'accorde en ce qui me concerne, un moment d'attention
« *à la chose* appelée amnistie. » — Peut-être étions-nous
dans le faux; mais, nous ne savons trop pourquoi, en vous
entendant parler de cette *chose* appelée amnistie, notre esprit ne s'est-il pas hasardé à faire un rapprochement entre
la manière dont ce bon Père Jésuite écrivait l'histoire et votre appréciation de l'amnistie. » « N'est-il pas intéressant,

---

« Tenez, lorsqu'arriva ici la nouvelle de l'amnistie, un exilé accourut chez moi. — Vous savez, me dit-il en criant, vous savez, l'amnistie ! Oh ! ma femme, mes enfants, mon jardin, ma pauvre petite
maison ! Et il m'embrassait en pleurant. — Comme mes enfants
doivent être grandis ! et ces deux arbres que j'ai plantés le jour de
leur naissance ! Ma femme m'écrit qu'il lui est venu quelques cheveux blancs : oh ! chère femme, ce que tu as perdu peut-être en
beauté, tu l'as regagné en dignité, en estime, toi qui as été pendant ces longues années le guide, le soutien de la famille, toi qui
as eu tant de courage, de force et de vertu ! Oh ! nos chers petits !
quelle joie de les embrasser ensemble ! de les tenir dans nos quatre bras, sur nos deux cœurs ! Comme vous vous êtes privés tous
pour m'envoyer de l'argent ici ! Mais me voici, je suis fort, je vais
avoir la joie de travailler pour vous ; me voici ! Et sa voix s'élevait comme s'ils avaient pu l'entendre ; et il me quitta pleurant,
criant, courant pour épancher sa joie dans le cœur d'un autre
ami.

« Huit jours après je le rencontrai dans la rue — Eh quoi !
lui dis-je, vous ? encore ici ?

« J'eus à la fois deux peurs : l'une, qu'il eût trouvé quelques
difficultés pour ses papiers ; l'autre, qu'il manquât d'argent.

« Je le lui demandai.

« — Non, me dit-il, mais je ne pars pas, je reste ; ceux de Londres, les chefs, ne rentrent pas.

nous sommes-nous dit, « d'observer comment, à des épo-
« ques diverses, sous des gouvernements opposés, l'esprit
« de parti, aiguillonné tantôt par un zèle ardent jusqu'à la
« sottise, tantôt par certaines déceptions nées d'espérances
« trop tôt évanouies, sait grossièrement défigurer des faits
« qui sont la gloire de notre France et couvrir d'un pré-
« somptueux dédain des actes qui honoreront toujours la
« pensée qui les a dictés ? »

Telle a été notre conclusion, Monsieur Hugo. Certes,
nous n'avons jamais eu la prétention de donner des leçons
à qui que ce soit, mais peut-être y trouvera-t-on quelques vérités qu'il serait utile de méditer.

A la suite du maître, sont venus les disciples ; après
M. Victor Hugo, M. Kessler ; lui aussi, a voulu pro-
tester.

« — Mais ils ne vous disent pas de ne pas rentrer ?

« — C'est vrai, mais on voit bien ce qu'ils pensent ; ils ont pitié
des faibles, mais ils savent que les forts les comprendront ; sans
cela, pourquoi auraient-ils écrit ?

« — Et... vous voulez être fort ?

« — Je ne veux pas l'être, je le suis.

« — Et votre femme, vos enfants ?

« — Ils souffriront comme moi... je déchire leurs lettres sans
les lire... Tenez... ne m'en parlez plus...

« Et il me quitta brusquement, car, cette fois, il ne voulait
pleurer que quand il serait seul... renfermé dans sa pauvre chambre, en mordant son mouchoir pour que son voisin, qui peut-être
pleurait comme lui, n'entendît pas ses sanglots.

• Que vous ne rentriez pas en France, Messieurs, je le comprends pour plusieurs d'entre vous. Si Hugo rentrait, au lieu
d'être un grand poëte, il ne serait plus qu'un versificateur très-
habile ; Louis Blanc a donné, trop longuement peut-être, une
bonne raison : il ne peut combattre pour ce qu'il croit le bien
et le progrès qu'avec une liberté qu'il ne trouverait pas en France.

« Je ne parle pas de ceux qui, à la suite, ont envoyé aux échos
des phrases de mélodrame médiocres.

« D'autres encore ne peuvent pas, ne doivent pas rentrer.

« Mais pourquoi le dire, l'écrire, le crier si haut ?

Vers la fin du mois d'août dernier, l'éditeur de *l'Indé-pendant de Jersey*, un homme *aux sentiments généreux et protégeant toute résistance à la tyrannie*, adressait au *Morning-Advertiser* les lettres suivantes qu'il avait reçues, disait-il, à propos de l'amnistie :

Monsieur,

« Un illustre et glorieux compagnon d'exil, Victor Hugo,
« a frappé comme d'un coup de tonnerre le décret d'am-
« nistie. Il l'a fait en termes qui vont bien à sa haute posi-
« tion et à sa renommée. C'est là ce qui m'empêche de m'y
« joindre purement et simplement.

« Les proscrits connaissent vos sentiments généreux ; ils
« savent que vos colonnes sont ouvertes à toute manifesta-
« tion indépendante, à toute résistance à la tyrannie, soit
« que le tyran conserve son masque féroce, ou qu'il le
« dissimule momentanément. Je ne crains donc pas de
« vous remercier d'avance pour l'insertion de ma réponse
« personnelle à l'amnistie.

« J'ai l'honneur, etc.

« E. H. KESSLER. »

« Dans cette circonstance, vous n'avez écouté que votre orgueil, et quelques-uns qui ne sont pas réellement grands, ont puérile-ment, violemment et maladroitement laissé voir leur chagrin qu'on brisât sous leurs pieds le piédestal de l'exil, sans lequel ils retom-bent dans la foule.

« Vous n'avez été guidés ni par l'amour de vos frères, ni par l'amour de vos idées.

« Je ne suis pas sans mérite de vous dire ainsi la vérité, car, parmi vous, il en est que j'aime et que j'admire.

« Quand vous étiez forts et puissants, selon la foule, en avril 1848, j'écrivais dans *les Guêpes*, en m'adressant à Lamartine et à Arago : « Il est déjà temps de défendre la République contre *cer-*
« *tains républicains* ; » et alors je les nommais par leur nom.

« Pour vous dire également aujourd'hui la vérité, j'ai besoin de me dire à moi-même que plusieurs d'entre vous ont encore la ma-jesté et la puissance du génie, du talent, du désintéressement, de la loyauté, de la bravoure, du malheur et de la pauvreté.

« *Réponse à l'Amnistie.*

« Un crime a été commis le 2 décembre 1851, contre la
« liberté, contre le droit, contre la vie des citoyens fidèles
« au devoir imposé par la République.

« Comme publiciste, j'ai rédigé, signé et affiché dans
« Paris un appel à la résistance.

« Soldat du droit, je me suis rendu à mon poste de combat.

« Depuis lors, le mensonge a continué de triompher, les
« outrages et les insultes ont été accumulés sur notre tête.

« Il n'y a rien de légal en France depuis décembre 1851.

« L'amnistie récente et insolente n'est pas plus légale
« que les actes de l'Empire qui l'ont précédée.

« Le droit d'agir librement dans sa patrie est un droit
« imprescriptible ; tout Français peut en jouir à son jour,
« à son heure, à sa convenance.

« Et, je le sens, il me faut plus de courage pour vous dire la vérité aujourd'hui, que quand je vous la disais en 1848, quand vous
étiez les maîtres ; car alors je n'ai pas hésité, et cette fois j'ai
hésité huit jours, et je ne vous dis pas tout ce que je vous disais
alors.

« Ce n'est pas l'Empereur Napoléon III qui a renversé la République ; seul, il ne l'eût pas pu, et il ne l'eût peut-être pas tenté.

« Mais il a eu des précurseurs, des aides, des alliés puissants.

« Ce sont ceux qui ont envahi l'Assemblée nationale au 15 mai,
ce sont ceux qui ont fait la sanglante, la cruelle, la terrible
émeute du 24 juin, ce sont ceux qui copiaient puérilement les gi-
lets et les phrases de Couthon et de Marat, ce sont ceux qui ont
divisé les votes au jour du suffrage universel, ce sont ceux pour
qui la république n'était pas un but, mais une échelle. »

Comme nous, n'êtes-vous pas frappés de cet accent de vérité
et de chaleureuse conviction ! Avec quelle ferme indépendance
l'écrivain n'a t-il pas su faire la part de chacun et discerner le
juste de l'injuste !

Tel est le langage de l'homme probe et honnête. Son jugement
va droit au but, sans que jamais le souffle de la passion le fasse
chanceler.

« Le décret de prétendue amnistie est sans valeur, il ne
« peut invalider la protestation vivante des proscrits qui,
« seuls, ont pu conserver la liberté de la parole.

« Il ne peut diminuer le droit de ceux qui rentrent ou
« de ceux qui ne rentrent pas. Il ne peut effacer les signa-
« tures apposées au bas de l'appel à la résistance, et j'y
« laisse la mienne.

« E.-H. Kessler, etc., etc. »
« Guernesey, 20 août 1859. »

Comment qualifier une telle manifestation empreinte de
ce cynisme qui révolte la conscience ! Laissons parler un
écrivain d'esprit et de cœur, M. A. Grandguillot, du *Consti-
tutionnel.* Voici sa réponse :

« Un crime, dites-vous, a été commis le 2 décembre
« contre le devoir imposé par la République.

« Quel crime et quel devoir ?

« Le crime de compromettre la société et le devoir de la
« sauver. Vous avez commis l'un, nous avons accepté
« l'autre.

« Vous parlez de République ! mais c'est vous qui l'avez
« tuée, votre République, le 15 avril, le 15 mai, les 22, 23
« et 24 juin 1848, le 13 juin 1849... On se fatigue à rap-
« peler rien que les dates de vos folies sanguinaires.

« Vous parlez de légalité. Mais étiez-vous dans la légalité
« le 24 février ? étiez-vous dans la légalité, quand vous
« violiez le palais de la représentation nationale ? quand vous
« en appeliez des passions du parlement aux passions de la
« rue ? quand vous mettiez à tout propos vos questions d'a-
« mour-propre avant les questions de salut public ?

« Vous parlez de droit ! vous l'avez constamment, et de
« propos délibéré, foulé aux pieds. Le droit ! vous en avez
« fait un commerce au bénéfice de vos rancunes, un mo-
« nopole au profit de vos passions. Vous l'avez souillé,
« prostitué en toute occurrence, et, s'il a fini par triompher

« malgré vos violences et vos injures, c'est qu'il était le
« droit, la chose nationale et non la vôtre.

« Vous parlez de principes, et vous n'avez jamais eu que
« des intérêts mesquins et jaloux. Vous invoquiez autrefois
« le suffrage universel, et, ambitieux de bas étage, vous
« refusez aujourd'hui de vous incliner devant son arrêt qui
« vous condamne.

« Du reste, puisque vous prenez la parole, nous la pren-
« drons à notre tour ; et puisque vous nous demandez qui
« nous sommes, à nous qui voulions oublier, nous vous di-
« rons qui vous êtes, à vous qui osez vous souvenir. »

Enfin, pour clore la série de ces invectives, faisons con-
naître la pièce suivante qui a été publiée au mois de septembre dernier par *le Courrier de l'Europe*, journal français qui se publie à Londres :

DÉCLARATION

VOTÉE A L'UNANIMITÉ PAR LES PROSCRITS FRANÇAIS DE LA COMMUNE
RÉVOLUTIONNAIRE.

A nos concitoyens.

« L'édifice est couronné. *L'Empire a comblé son injure envers*
« *nous; il la fait pleine et entière* : IL NOUS AMNISTIE. *Insulte,*
« *piége, ou peur de l'avenir*, IL NOUS AMNISTIE... NOUS NE L'AMNIS-
« TIONS PAS. Les principes ne pardonnent pas. Les républicains
« de février ne pardonnent pas à l'Empereur de décembre. *Ils*
« *protestent contre son pardon. Après avoir osé punir, il ose*
« *absoudre, il consomme l'usurpation.* Le CRIME *n'a pas le droit*
« *d'absoudre les victimes.* Il n'a pas plus le droit *de gracier que*
« *le droit de proscrire.* Le droit de grâce ne va qu'avec le droit
« de peine, *et ce droit est à nous, à nous contre lui.* Ce que nous
« étions hier, nous le sommes aujourd'hui et nous le serons
« demain, toujours et partout, en exil ou en France, malgré
« coup d'Etat et coup de grâce, ayant le droit sur lui, ayant le
« droit pour nous. Contre l'exercice de notre droit intact et

« souverain qui prime et sa clémence et sa rigueur, il y avait,
« quoi? Une force de fait qui cède, un obstacle qui tombe, une
« porte qui s'ouvre. Libre à nous d'en user maintenant comme
« bon nous semble pour les besoins de notre cause. A lui, nous
« ne devons que justice. Nous la lui ferons tôt ou tard. Si
« donc, tôt ou tard, nous rentrons chez nous, nous le déclarons
« à cette heure, nous rentrerons comme nous sommes sortis, en
« citoyens, nous rentrerons de notre droit plein et entier, et
« pour mieux faire tout notre devoir.

« Le délégué, Félix Pyat. »

« Londres, le 21 août 1859. »

Ecoutons encore M. Grandguillot et applaudissons à la
mâle vigueur avec laquelle il flétrit d'aussi odieuses imputations.

« Que dire, » a-t-il ajouté, « d'un pareil document? Ainsi,
« ces hommes coupables, frappés cinq et six fois par la justice
« de leur pays, qu'ils menaient aux abîmes, amnistiés par l'ini-
« tiative généreuse de ce même souverain qui sauvait la France
« compromise par leurs fautes et leurs crimes, ces mêmes
« hommes ne prennent la parole que pour injurier celui qui leur
« ouvre, de nouveau, les portes de la patrie. Ils n'ont rien ou-
« blié, car ils n'ont jamais rien su ni rien compris. Ce sont tou-
« jours les mêmes déclamations théâtrales, les mêmes théories
« subversives; ce sont toujours les comédiens sanguinaires de
« 93, les chevaliers de la terreur et de l'assassinat. On fait justice
« de ces odieuses élucubrations en les livrant au mépris public.

Tels sont les sentiments qu'a fait naître dans le cœur de
Français, exilés presque aux portes de la France, le décret
d'amnistie. Puissions-nous voir arriver le jour où ces
hommes, indignes de la nation à laquelle ils appartiennent,
reviendront à la raison !

Quant à nous, répétons avec M. de Morny ces énergiques
paroles qu'ont pu seules inspirer de profondes convictions :
« Quoi qu'il arrive, il faut que le parti rouge sache bien

« qu'il nous trouvera sur son passage avant qu'il puisse
« frapper au cœur la société française. »

Voilà notre réponse !

VI

A vous qui n'appartenez pas *à la commune révolutionnaire* !

A vous qui ne vous appelez ni Victor Hugo ni Félix
Pyat !

A vous, proscrits, notre dernière pensée, l'expression de
nos plus ardentes sympathies !

Il y a quelques années, dominés par les circonstances,
entraînés par ce rapide torrent des vicissitudes humaines,
vous avez vu s'ouvrir devant vous les portes de l'exil. A
peine sur la terre étrangère, vos regards ne se sont-ils pas
portés une dernière fois vers les horizons de France ? N'a-
vez-vous pas songé tristement à votre mère, à votre sœur,
à cette compagne qui, les jours de deuil, pleurait avec vous
pour ensuite sourire à votre bonheur, quand, pour vous,
l'azur de l'existence était sans nuages. Ah ! loin de la patrie, que l'absence a dû vous sembler longue ! Combien
devait être amer le pain de l'exil ! Que de privations,
que de souffrances morales et physiques n'avez vous pas
éprouvées !

Réjouissez-vous donc ! Vous allez retrouver toutes ces
affections dont le souvenir faisait battre votre pauvre cœur
brisé par tant de tortures.

Votre patrie vous tend les bras. — Ah ! croyez-le bien,
— ce n'est pas un pardon qui vous est accordé, ce n'est
pas une grâce.

— Vous êtes amnistiés ! Vous êtes amnistiés pleinement, absolument, sans conditions, sans réserves !

L'amnistie, c'est l'oubli du passé, c'est une franche et loyale réconciliation, c'est, enfin, le baiser de paix qui vient effacer jusqu'au souvenir des orages que nous avons traversés.

Levez donc la tête, levez-la bien haut !

Il n'y a plus ni vainqueurs ni vaincus, nous sommes tous les enfants aimés d'une même patrie. Qu'elle soit toujours prospère et glorieuse !

Unissons nos vœux et nos efforts !

Aimons-nous les uns les autres, et que Dieu protége la France !

Paris. — De Soye et Bouchet, imp., place du Panthéon, 2.